Quater
EXPERT EN ÉVOLUTION PROFESSIONNELLE

Bilan de compétences - Les cahiers de la méthode Quater®

La méthode Quater® comprend 6 étapes. Chacune est illustrée par un cahier qui contient des informations et des questionnaires (ou "mini tests"), ainsi que des références ou des liens vers d'autres sources d'information.

Les 6 étapes

Étape 1 : Changements

Étape 2 : Sens et valeurs

Étape 3 : Besoins & types de personnalité

Étape 4 : Analyse des possibles

Étape 5 : Ressources, aptitudes et compétences

Étape 6 : Détermination d'objectifs et plan d'action

« Distinguer le *raisonnable* et le *rationnel*. Le premier inclut l'intuition et l'affectif. Le second n'implique qu'un déroulement correct du processus logique. »

Hubert Reeves

LA TEMPERATURE RESSENTIE

Avant chaque entretien, nous vous proposons de faire un point sur la façon dont vous vivez votre démarche de bilan de compétences. Il peut s'agir des supports de la méthode ou de la qualité de l'accompagnement par votre consultant. Ces deux éléments doivent vous permettre d'avoir une prestation personnalisée et qui répond au plus près de vos attentes. Nous vous proposons donc de commencer chaque étape par les deux mêmes tableaux : le premier pour évaluer votre situation personnelle et le second pour la qualité de la prestation.
Ces tableaux ludiques permettent d'affiner l'accompagnement réalisé par votre consultant et de tirer le meilleur des supports de méthode.

1 - Votre situation personnelle :

Dans le tableau de la page suivante, notez ces différents éléments de 0, au centre, à 10, le plus à l'extérieur :

Sérénité :
De 0 si vous êtes constamment assailli d'émotions négatives (peur, angoisse, anxiété, culpabilité), à 10 si vous en êtes totalement libéré avec une grande confiance en soi.

Santé :
De 0 si vous êtes en incapacité de travail, à 10 si vous n'avez aucun souci de santé et êtes débordant d'énergie.

Relations interpersonnelles harmonieuses :
De 0 si vos relations sont toxiques ou si vous n'avez personne avec qui échanger, à 10 si vous trouvez facilement des amis avec lesquels vous pouvez rire de bon cœur.

Indépendance financière :
De 0 si vous êtes constamment obligé de compter l'argent qui vous manque, à 10 si vous avez toute latitude pour vous concentrer sur d'autres sujets.

Buts et objectifs :
De 0 si vous n'avez aucune idée de ce que vous allez faire demain, à 10 si vous avez des buts et des objectifs définis qui convergent vers un projet à réaliser en cohérence avec vos principes et de vos valeurs.

Connaissance de soi :
De 0 si vous n'avez aucune conscience de ce qui motive vos actions à 10 si vous pouvez vous juger avec courage, lucidité et intégrité et comprendre pourquoi vous faites ce que vous faites.

En reliant les points, vous obtenez un graphique « radar » ou « toile d'araignée ».

Votre radar de développement personnel

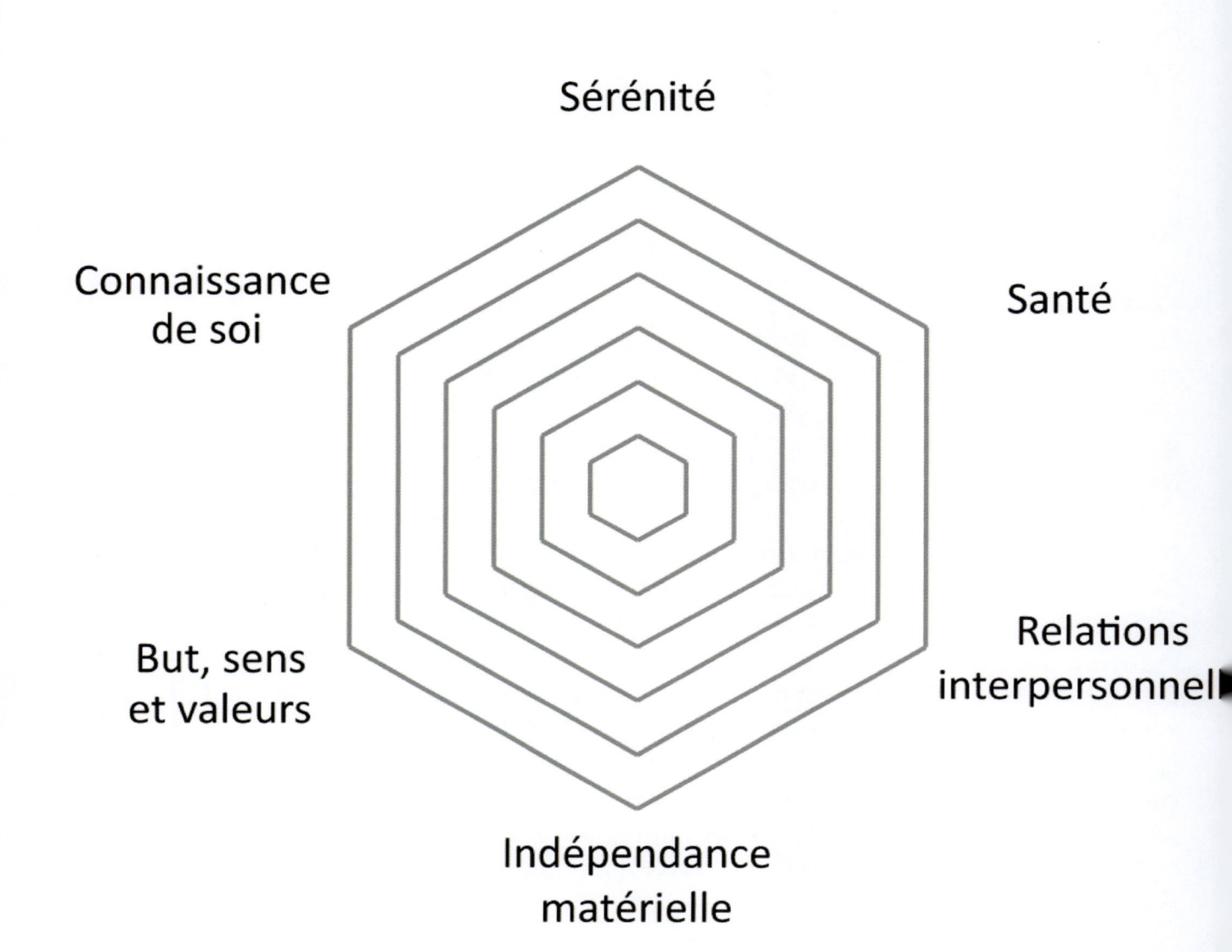

- Sérénité
- Santé
- Relations interpersonnelles
- Indépendance matérielle
- But, sens et valeurs
- Connaissance de soi

2 - La qualité de la prestation

Entourez le symbole qui correspond le mieux à votre ressenti.

LA PRESTATION CORRESPOND PARFAITEMENT À VOS ATTENTES

LA PRESTATION CORRESPOND PRESQUE TOTALEMENT À VOS ATTENTES

LA PRESTATION NE CORRESPOND PAS TOUT À FAIT À VOS ATTENTES

LA PRESTATION NE CORRESPOND PAS DU TOUT À VOS ATTENTES

Vous n'osez pas en parler avec votre consultant, vous souhaitez proposer une amélioration au responsable du centre, ou laisser un avis :
Qualite@Quater.fr

SENS ET VALEURS
SOMMAIRE

LA QUESTION DU SENS	**page 7**
LES SYMPTÔMES	**page 8**
LE TRAITEMENT	**page 9**
LES NIVEAUX LOGIQUES DE DILTS	page 10
LA MISSION	page 12
LES CROYANCES	page 15
DES VALEURS AU SENS	page 16
PREMIER TRI DANS VOS ASPIRATIONS	page 19
LES 10 VALEURS DE SCHWARTZ	page 21
LES METAMORPHOSES DE L'AME ET SES SYMBOLES	**page 31**
LES FAITS, LES OPINIONS, LES SENTIMENTS ET LES SYMBOLES	page 32
ET SI VOTRE VIE PROFESSIONNELLE ÉTAIT UN CONTE DE FÉES	page 35
CONCLUSIONS ET RAPPELS	**page 40**
SYNTHÈSE DE L'ÉTAPE 2	page 41
RETOUR SUR L'ENTRETIEN 1	page 42
ANNEXES	***page 44***
UNE AUTRE PYRAMIDE	page 45
TABLEAUX	page 46
DÉCODAGE RIASEC	page 53
CODE DE HOLLAND	page 61
SOURCE PSYCHOMEDIA.QC.CA	page 62
HOLLAND/RIASEC, TYPE ET SECTEUR D'ACTIVITÉ	page 63

LA QUESTION DU SENS

Les trois tailleurs de pierre

Un homme découvre un grand chantier auquel trois hommes travaillent à la même tâche et les questionne tour à tour sur ce qu'ils sont en train de faire :
Le premier lui répond : « *Je suis un tailleur de pierre, je taille des pierres !* »
Le deuxième répond : « *Je taille la pierre angulaire d'une arche de voûte* ».
Et le troisième : « *Moi, monsieur, je bâtis une cathédrale !* »
Cette allégorie éclaire la question du sens au travail. Dans presque toutes les versions de l'histoire, le dernier est plus heureux que le deuxième, qui est plus heureux (ou moins malheureux) que le troisième.
Cela implique que construire une cathédrale a plus de sens que de simplement tailler une pierre. Et dans cette version, on peut relever qu'il faut certainement moins d'adresse pour tailler une série de pierre à angles droits que d'en faire une avec des arrondis et des angles précis. Mais on ne sait rien du ressenti des ouvriers. L'un peut trouver son bonheur dans une tâche simple et routinière et ne pas aimer faire les efforts d'attention que nécessite un travail plus difficile, ni assumer la responsabilité que cela implique. Enfin, on peut trouver plus de sens à bâtir une bergerie ou un château fort, qu'une cathédrale.
Ce qui est véritablement éclairant dans cette histoire, c'est que les trois personnes ont chacune une perception différente de la réalité.

LES SYMPTOMES

En pratique, la question ne se pose que si vous éprouvez une certaine difficulté à vous rendre au travail, ou faire des démarches pour en chercher.

Voici quelques questions simples sur votre rapport au travail :

1. **Le lundi matin, en arrivant au travail, vous vous dites :**
   - ☐ Cette semaine s'annonce bien
   - ☐ Vivement vendredi soir

2. **Quand vous êtes au travail :**
   - ☐ Vous n'arrêtez pas de regarder la montre
   - ☐ Vous ne voyez pas le temps passer

3. **Comment vous voyez-vous dans trois ans :**
   - ☐ Toujours au même poste
   - ☐ N'importe où sauf au même poste

4. **Votre travail actuel, c'est :**
   - ☐ 20% de contrainte et 80% de plaisir
   - ☐ 80% de contraintes et 20% de plaisir

5. **Si vous pouviez recommencer votre vie professionnelle :**
   - ☐ Vous referiez les mêmes choix
   - ☐ Vous choisiriez une autre voie.

Si vous avez une majorité de réponses rouges, la question du sens ne se pose pas. Dans le cas contraire, c'est un sujet brûlant.
Plus simplement, si vous débordez d'énergie en vous rendant au travail, votre job a du sens. Si au contraire, vous devez vous faire violence pour vous y rendre, il a certainement un manque de sens.

LE TRAITEMENT

En théorie, la question du sens est hautement philosophique. C'est une question de représentation du monde et des principes sur lesquels vous fondez cette représentation. Il s'agit de principes et de valeurs morales : des éléments essentiels de votre personnalité qu'il faut connaître et prendre en compte. Et aussi de croyances, de vérités admises sans critique ou dans des circonstances particulières qui sont dépassées aujourd'hui. Faire le tri est une question délicate et importante.

Pour faire simple, nous admettons que la question du sens au travail est directement liée à la place que votre travail fait à vos valeurs et principes moraux.

Si vos valeurs sont bafouées au quotidien, la situation est négative. Si vos valeurs sont simplement ignorées, la situation est neutre. Si vous pouvez, dans l'exercice de votre métier, affirmer, défendre, promouvoir vos valeurs, la situation est positive.

Mais qu'entendons nous par valeur ou principe moral ? C'est une croyance profondément enracinée, à laquelle vous ne pouvez renoncer sans changer de personnalité. Et cette croyance va influer vos choix. Voici une première liste de valeurs, présentées comme « critères de choix de vie » (à titre d'exemple).

CRITÈRES DE CHOIX DE VIE

Voici quelques critères de choix de vie. Quel sens leur attribuez-vous ?

- AFFECTION
- INFLUENCE
- COMPÉTENCE
- DEVOIR
- ARGENT
- INDÉPENDANCE
- PATERNITÉ/MATERNITÉ
- PLAISIR
- POUVOIR
- RÉALISATION DE SOI
- SÉCURITÉ
- SERVICE

Nous faisons toujours le meilleur choix possible, en fonction des informations dont nous disposons. Mais certaines de ces informations ne sont pas accessibles, ne sont pas passées au crible de notre réflexion, ou ne sont pas actualisées. Nos « valeurs » et « croyances » sont des critères de choix de ce type : une information de base non testée, qui encadre et limite notre perception de la réalité, de ce qui nous entoure, et des options qui existent.

LES NIVEAUX LOGIQUES

Les niveaux logiques

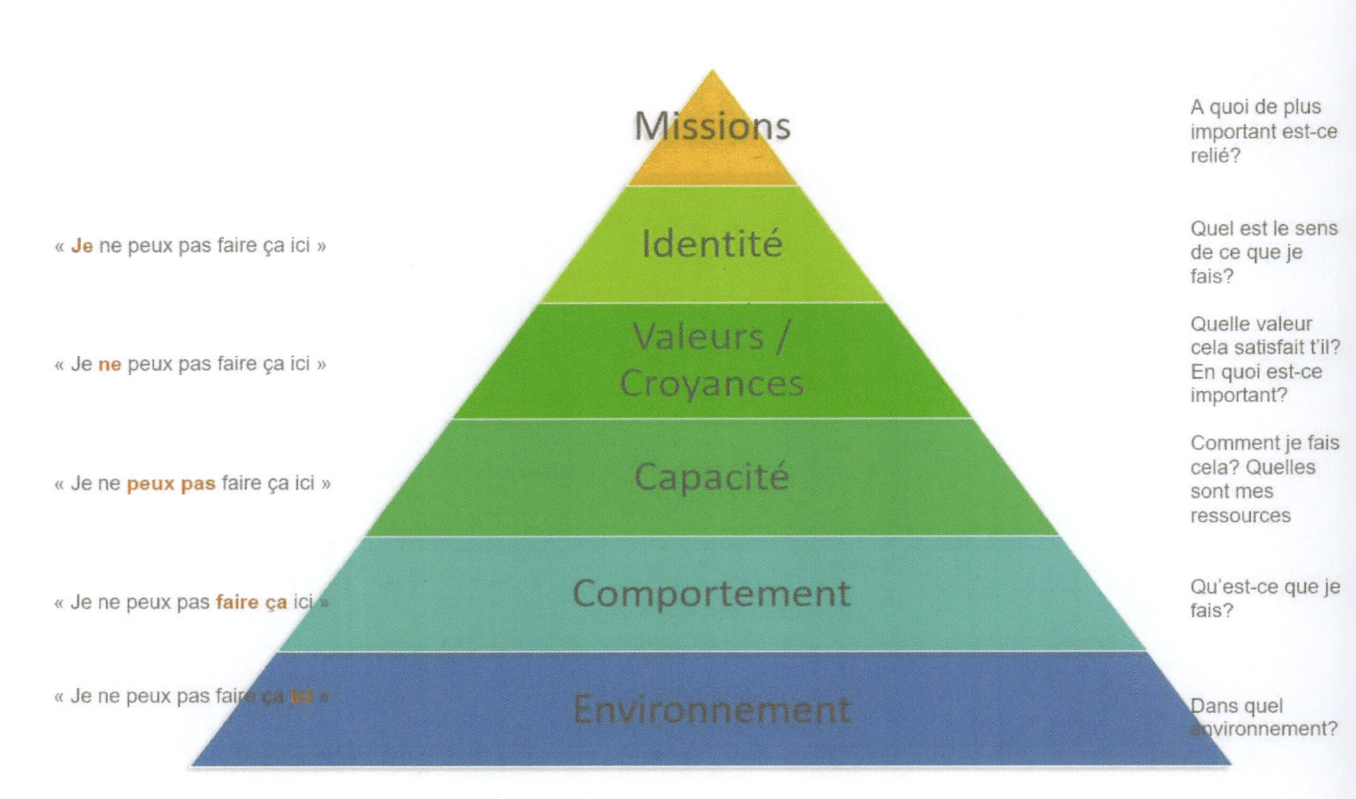

	Pyramide	Questions
	Missions	A quoi de plus important est-ce relié?
« **Je** ne peux pas faire ça ici »	**Identité**	Quel est le sens de ce que je fais?
« Je **ne** peux pas faire ça ici »	**Valeurs / Croyances**	Quelle valeur cela satisfait t'il? En quoi est-ce important?
« Je ne **peux pas** faire ça ici »	**Capacité**	Comment je fais cela? Quelles sont mes ressources
« Je ne peux pas **faire** ça ici »	**Comportement**	Qu'est-ce que je fais?
« Je ne peux pas faire **ça ici** »	**Environnement**	Dans quel environnement?

La pyramide de Dilts

Robert Dilts, hypnotiseur, consultant et chercheur de renommée internationale, fait partie du petit groupe de personnes à l'origine des outils mondialement utilisés de la PNL, dont les niveaux logiques. La pyramide est parfois représentée comme une échelle. Robert Dilts considère que nos comportements, ce que nous faisons et sommes capable de faire face à une situation particulière, dépend de nos valeurs et croyances.

Au bas de l'échelle, au niveau de l'**environnement**, se trouve tout ce qui ne dépend pas de nous : les événements extérieurs, heureux ou malheureux, grands ou petits.

Au dessus, le **comportement**, c'est notre façon de réagir aux événements extérieurs, à l'environnement. Si notre comportement habituel n'est pas ou plus adapté, nous devons développer un nouveau comportement.

La **capacité** de faire évoluer notre comportement se situe au niveau encore supérieur. Si nous n'avons pas la capacité de faire évoluer notre comportement, nous devons développer de nouvelles capacités. Et pour se faire, passer au niveau supérieur, celui des valeurs et des croyances.

Faire évoluer nos **valeurs** et nos **croyances** touche à notre identité, ou pour le dire autrement, nos valeurs fondent notre identité. Pour votre évolution professionnelle, le niveau des croyances et valeurs est le plus pertinent. Concernant les croyances périmées, le tri est à faire en permanence. D'où l'intérêt de bien définir les valeurs : elles sont comme le bébé dans l'eau du bain.

Au sommet, il y a la question du sens, le **sens de la vie**. On parle aussi de **mission** : si vous êtes capable de dire ce qu'est l'objectif suprême de votre existence, vous pouvez vous sentir investi d'une mission.

LA MISSION

L'histoire du bon docteur

Avant d'être une série TV, « le bon docteur » est le surnom donné il y a un siècle à un personnage emblématique de ce que peut être une « mission », et son impact dans une carrière.

Albert Schweitzer est fils de pasteur, musicien organiste, concertiste, diplômé de théologie puis un médecin et précurseur de l'aide humanitaire. Il est connu pour son éthique du respect de la vie, pour son hôpital fondé en 1913 à Lambaréné, au Gabon, ainsi que pour ses travaux sur Bach et ses interprétations à l'orgue.

Né le 14 janvier 1875 dans une Alsace alors annexée par l'Allemagne, il grandit dans la petite ville de Gunsbach. Enfant, il s'initie très tôt à la musique, et joue de l'orgue paroissial dès l'âge de 9 ans. À 15 ans, il joue sur l'orgue de l'église Saint-Étienne de Mulhouse, puis donne son premier concert à 16 ans avant de bénéficier de l'enseignement du célèbre organiste et compositeur français Charles-Marie Widor.

Son baccalauréat en poche, Albert Schweitzer entame en 1893 des études de théologie luthérienne et de philosophie à l'université de Strasbourg. Docteur en philosophie en 1899 et docteur en théologie en 1900, il a alors comme une révélation : « En 1896, aux vacances de la Pentecôte, par un rayonnant matin d'été, je m'éveillai à Gunsbach, et l'idée me saisit soudain que je ne devais pas accepter mon bonheur comme une chose toute naturelle et qu'il me fallait donner quelque chose en échange. ».

Il commence alors des études de médecine en 1905, décidé à mettre ses compétences au service d'actions humanitaires. En 1913, il rejoint la ville de Lambaréné, au Gabon (à l'époque Afrique équatoriale française). Il y construit avec sa femme un hôpital, ayant pour valeurs fondatrices le concept du respect de toute vie, idée développée tout au long de ses études.

De nationalité allemande, le couple est mis en résidence surveillée par l'armée française en 1914, puis déporté et incarcéré en 1917. Libérés en 1918, Albert Schweitzer et son épouse obtiennent la nationalité française. Le couple retourne en Afrique en 1924. Son dévouement pour les nécessiteux vaut à Albert Schweitzer le prix Nobel de la paix en 1952.

Albert Schweitzer décède le 4 septembre 1965 à Lambaréné. Référence dans le monde de l'aide humanitaire, l'hôpital qu'il a créé est aujourd'hui une fondation internationale qui continue à s'inspirer du principe du respect de la vie.

La plupart des gens considèrent que leur mission consiste à élever leurs enfants. Mais chacun est libre de faire plus, ou moins, ou autre chose.

Si vous avez une mission, ou si vous croyez seulement savoir ce que pourrait être cette mission, ou si vous avez seulement une idée de ce que serait « le sens de la vie », notez le :

MA MISSION

De nombreuses études sociologiques tendant à montrer l'importance que peut avoir, sur nos conditions de vie matérielle, le fait d'avoir le sentiment que la vie a un sens.

A titre d'exemple, une étude de Patrick Hill de l'Université de Carleton et Nicholas Turiano de l'Université Rochester publiée dans la revue *Psychological Science*, montre que le sentiment que sa vie a un sens (avoir des buts, se sentir utile…) réduit le risque de mortalité plus que tous autres facteurs connus pour être liés à la longévité. Ils ont analysé les données d'une étude menée avec 6000 personnes suivies pendant 14 ans. Pendant ce temps, 569 d'entre elles sont décédées (9% des participants).

Les personnes qui sont décédées rapportaient, en moyenne, moins de sens à leur vie et moins de relations positives, et ce à tout âge. Le bénéfice était le même chez les participants jeunes, d'âge moyen ou âgés.

Ces résultats soulignent le fait que « trouver un sens à la vie et fixer des objectifs que l'on veut atteindre peut aider à vivre plus longtemps, peu importe la période de la vie à laquelle cela se produit », notent les chercheurs.

Les avantages sur la longévité étaient présents, même en tenant compte dans l'analyse d'autres indicateurs du bien-être psychologique, tels que les relations positives et les émotions positives.

Ces résultats suggèrent qu'il y a quelque chose d'unique au fait de trouver un but, concluent-ils.

(source psychomedia.qc.ca)

LES CROYANCES

Est-ce que vous croyez au père noël ? La réponse est sans doute non. Mais est-ce que vous croyez en vos propres capacités ? La réponse sera plus nuancée.

Les enfants sont des explorateurs infatigables qui, sauf accident, ne s'arrêtent que si leurs parents les empêchent, matériellement, ou leur interdisent moralement.

Les adultes que nous sommes n'ont survécu aux dangers du monde comme aux petits accidents domestiques, qu'au prix de la peur : peur de l'échec, héritée de l'empêchement physique ou peur du rejet, héritée de l'interdiction morale.

> Un bon exemple est votre rapport à l'eau, la natation et la noyade :
> Enfant, à moins d'avoir reçu une initiation de type « bébé nageur », vos parents ont dû vous dissuader de vous jeter à l'eau, jusqu'à ce que vous ayez appris à nager. Un véritable apprentissage de la natation n'est possible qu'autour des 6 ans. Tout ce qu'on peut faire avant, c'est d'éviter que la peur ne s'installe. Il y a donc de bonnes chances que vous ayez reçu, à un moment de votre vie, une consigne stricte : « l'eau c'est dangereux ».
> Si vous n'avez jamais appris à nager depuis, vous pouvez avoir encore peur de vous baigner, même en eau calme et quand vous avez pieds.

L'impuissance apprise.
Plus tard, vous avez été scolarisé dans un système qui vous aura évalué, sur des aptitudes aussi basiques que lire et compter. Mais cette évaluation dans bien des cas a pu être accompagnée de commentaires largement déplacés et/ou abusivement simplifiés, de : « tu es un génie » à « tu n'es bon à rien ». Il est possible que vous ayez gardé une croyance bien ancrée, qui ne se manifeste que dans certaines circonstances, mais qui produit encore des effets après toute ces années.

Dans la vie courante, vous avez pu recevoir des jugements sur vous mêmes, provenant de personnes sans réelle valeur à vos yeux, mais ces jugements vous auront tout de même marqué d'une certaine façon.

Il est possible que ces idées aient été utiles dans le passé, en vous évitant de vous exposer inutilement. Mais si vous n'avez pris soin de les actualiser ou de les effacer, elle sont toujours présentes à l'arrière plan et ne jouent aucun rôle positif.

Au minimum, ces jugements reçus tout au long de votre vie, sont venus nourrir une base de donnée qui constitue « l'image de soi ».

Au même niveau (dans l'échelle de Dilts) se trouvent des croyances positives mais sans lien concret avec votre expérience vécue. Ces croyances nourrissent une autre base de données qui forme votre « idéal de soi ».

Nous vous proposons de distinguer entre vos croyances négatives ou « limitantes » et vos croyances positives, que nous appellerons vos « valeurs ».

DES VALEURS AU SENS

Il est impossible de faire un inventaire complet des messages que nous avons reçus depuis notre enfance (ou même avant notre naissance). Les contes de fées, les histoires de famille, l'histoire, la religion,… nous avons été abreuvés en continu d'informations imprégnées de morale.

Mais nous pouvons voir les effets et identifier les éléments les plus importants, à classer dans deux catégories : le positif et le négatif. Ou pour le dire autrement : ce qui nous fatigue et ce qui nous donne de l'énergie.

Les émotions et les sentiments sont des guides : si on peut trouver énormément de nuances dans les sentiments, les émotions elles, au sens biologique (ce qui nous met en mouvement), sont peu nombreuses : on en compte cinq ou six (selon qu'on distingue la surprise de la peur ou non).

Les voici :

JOIE

TRISTESSE

PEUR

COLÈRE

SURPRISE

DÉGOUT

Dans « Conversations avec Dieu » une série de livres à succès, l'auteur Neale Donald Walsch fait une présentation très simple de nos choix : ils sont soit guidés par l'amour, soit par la peur. Un sentiment positif d'un côté, associé à l'émotion « joie » et à l'opposé, la peur qui est une émotion négative.

On peut utilement sélectionner nos croyances entre celles qui sont associées à la joie, et celles qui sont associée à une émotion négative.

Il est beaucoup plus difficile de faire une liste des sentiments. Voici un exemple de classement possible de différents sentiments en fonction de l'émotion qui peut en être à l'origine.

JOIE	TRISTESSE	PEUR	COLÈRE	DÉGOÛT	SURPRISE
○ Heureux	○ Découragé	○ Craintif	○ En colère	○ Dégoûté	○ Vulnérable
○ Satisfait	○ En détresse	○ Alarmé	○ Enragé	○ Ecoeuré	○ Démuni
○ Excité	○ Déprimé	○ Anxieux	○ Exaspéré	○ Embarrassé	○ Surpris
○ Détendu	○ D'humeur noire	○ Tendu	○ Fou furieux	○ Mal à l'aise	○ Étonné
○ Joyeux	○ Consterné	○ Sur ses gardes	○ Hors de soi	○ Déçu	○ Décontenancé
○ Relaxé	○ Démoralisé	○ Effrayé	○ Agacé		○ Ébahi
○ Satisfait	○ Désespéré	○ Terrifié	○ Contrarié		○ Sidéré
○ Centré	○ Seul	○ Terrorisé	○ Nerveux		○ Ahuri
○ Ravi	○ Impuissant	○ Épouvanté	○ Irrité		○ Perplexe
○ Béat	○ Sur la réserve	○ Paniqué	○ Qui en a marre		○ Hésitant
○ Reconnaissant	○ Mécontent	○ Horrifié	○ Amer		○ Troublé
○ Chaud	○ Malheureux	○ Angoissé	○ Pessimiste		○ Intrigué
○ Gaie	○ Blessé	○ Bloqué			○ Débordé
○ Amical	○ Abattu	○ Méfiant			○ Embrouillé
○ Inspiré		○ Agité			
○ Sensible					
○ Soulagé					
○ Reconnaissant					
○ Rassuré					
○ Nourri					
○ Touché					
○ Amoureux					
○ Épanoui					
○ Émerveillé					
○ Fier					
○ Absorbé					
○ Enjoué					
○ Content					
○ Revigoré					
○ Serein					
○ Enthousiaste					
○ Paisible					
○ Calme					

Polarité

« Propriété d'un système ou d'un corps présentant deux pôles opposés ». On peut tout classer avec seulement deux critères : le bien ou le mal, le Yin ou le Yang ... C'est l'idée de polarité qui permet les classements les plus simples : le positif ... et tout le reste.

Cette discrimination, nous la faisons naturellement, et il est même difficile de ne pas nous laisser entraîner par cette lecture simpliste de ce que nous vivons.

Le bais de confirmation et l'effet de halo (cf livret 1 – page 24) découlent de cette tendance naturelle.

Mais tout ce qui vit repose sur une polarité, depuis la plus petite réaction chimique jusqu'à notre corps dans son fonctionnement le plus courant ; nous sommes soit droitier, soit gaucher. Si on porte un jugement moral sur ce fait, on peut en arriver à créer des « gauchers contrariés ». Mais on peut aussi, exploiter ce classement pour s'éviter de faire des efforts inutiles, et engager ceux qui sont souhaitables.

D'où, une façon simple de poser la question : qu'est-ce qui vous donne de la joie ?

PREMIER TRI DANS VOS ASPIRATIONS

Vos ambitions !

Il est clair que cette démarche de bilan de compétences que vous avez engagée est un pas en avant vers la réussite. Mais qu'est-ce que c'est que la réussite, pour vous ?

- ☐ Grimper les échelons
- ☐ Devenir leader dans votre domaine
- ☐ Obtenir une distinction
- ☐ Devenir célèbre ou parvenir à une certaine notoriété
- ☐ Pouvoir afficher des signes extérieurs de richesse …

Ou alors,

- ☐ Avoir un métier qui vous laisse la main sur votre agenda
- ☐ Pouvoir fixer vos critères de qualité sur le travail à faire
- ☐ Trouver un équilibre entre votre vie de famille, de couple, votre métier
- ☐ Faire un travail utile
- ☐ Faire un travail qui serve ou permette votre épanouissement personnel …

Classiquement, on distinguait au cours d'une vie professionnelle, une carrière, une phase ascendante et une phase descendante. Dans la première, l'énergie de la jeunesse était mise à profit pour atteindre le meilleur niveau possible de rémunération, le poste le plus élevé dans la hiérarchie, la position la plus prestigieuse dans la société. La deuxième partie de carrière était consacrée à la famille, au rôle social, et la retraite était l'occasion de chercher le salut de son âme.

Ce modèle n'a pas de réalité : vous pouvez avoir envie de réussir au sens le plus courant (réussite sociale, réussite matérielle) quel que soit votre âge. Et le contraire est également vrai.

La question à se poser est de savoir ce que vous voulez vraiment, ce que vous voulez maintenant, et vous devez être prêt à vous y consacrer pendant au moins les trois, quatre (ou cinq) prochaines années.

« Où vous voyez-vous dans 5 ans ? » est une question classique en entretien de recrutement. Mais il ne s'agit pas de ce que vous pouvez apporter à une entreprise ; il s'agit de savoir ce que vous voulez avoir réalisé, accompli, bâti ou vécu durant une part assez longue de votre vie pour vous permettre d'espérer de faire beaucoup, et assez courte pour qu'il vous reste de quoi faire plus, ou faire autre chose.

La page suivante vous propose un petit exercice qui devrait vous aider à trouver une réponse à cette question.

1 – Réglez le curseur : nous l'avons mis à 5 ans, mais vous pouvez réduire ou augmenter le délai, si vous trouvez ça plus facile. Il sera toujours temps de repenser sur 5 ans.

2 – Répondez aux questions

QUESTION	RÉPONSE
Dans 5 ans, que voudriez-vous être ?	
Dans cinq ans, que voudriez-vous ne pas être ?	
Aujourd'hui, que regrettez-vous de ne pas avoir fait ?	
Aujourd'hui, que n'avez-vous plus envie de faire ?	
Que voulez-vous continuer à faire ?	
Si vous disposiez de trois heures de plus par jour, que feriez-vous ?	
Que rêveriez-vous de faire ?	

3 – Si c'est difficile, essayez en partant du bas. Ces questions sont sensées vous aider à vous projeter. Et c'est parfois plus facile de partir d'un rêve ou d'un souhait.

4 – Vous pouvez refaire l'exercice en pensant à chaque fois à un « domaine de vie » différent.
Le domaine professionnel (c'est fait)
Le domaine de votre développement personnel (Soi)
Les domaines du couple, de la famille et des relations interpersonnelles au sens large, jusqu'à votre place ou votre rôle dans la société.

LES 10 VALEURS DE SCHWARTZ[1]

Le chercheur en psychologie sociale Shalom H. Schwartz et ses collègues ont identifié 10 valeurs fondamentales qui permettraient de classifier toutes les autres et qui seraient présentes dans toutes les cultures.

Les valeurs sont des croyances liées aux affects qui, à travers une diversité de contextes, motivent l'action et guident l'évaluation des actions des autres, des politiques, des personnes et des événements.

Par exemple, une personne pour qui l'indépendance est une valeur importante est alertée si son indépendance est menacée, malheureuse quand elle ne parvient pas à la préserver, et heureuse quand elle peut l'exercer.

Ce qui différencie les valeurs est le type de motivation qu'elles expriment. Schwartz et ses collègues ont identifié, en menant des études dans quelques 70 pays présentant un large éventail de cultures, 10 catégories de valeurs fondamentales (ou motivations) qui seraient universelles et permettraient de classifier virtuellement toutes les valeurs spécifiques (Schwartz identifie 57 valeurs spécifiques).

Affirmation de soi Réussite Pouvoir	*Ouverture au changement* Hédonisme Stimulation Autonomie
Continuité Sécurité Conformité Tradition	*Dépassement de soi* Universalisme Bienveillance

---

[1] Source psychomedia.qc.ca

Voici la liste de ces 10 valeurs fondamentales[2] :

1. **Autonomie (ou autodétermination)** Motivation : indépendance de la pensée et de l'action, choisir, créer, explorer. Valeurs : créativité, liberté, indépendance, curiosité, choisir ses propres buts.

2. **Stimulation** Objectif : enthousiasme, nouveauté et défis à relever dans la vie. Valeurs : vie audacieuse, variée et passionnante.

3. **Hédonisme** Objectif : plaisir ou gratification sensuelle personnelle. Valeurs : plaisir, profiter de la vie.

4. **Réussite (ou accomplissement)** Objectif : succès personnel obtenu grâce à la manifestation de compétences socialement reconnues. Valeurs : ambition, orientation vers le succès, compétence, influence.

5. **Pouvoir** Objectif : statut social prestigieux, contrôle des ressources et domination des personnes. Valeurs : autorité, leadership, dominance

6. **Sécurité** Objectif : sûreté, harmonie et stabilité de la société, des relations entre groupes et entre individus, et de soi-même. Valeurs : propreté, sécurité de la famille, sécurité nationale, stabilité de l'ordre social, réciprocité des faveurs, santé, sentiment d'appartenance.

7. **Conformité** Objectif : modération des actions, des goûts, des préférences et des impulsions susceptibles de déstabiliser ou de blesser les autres, ou encore de transgresser les attentes ou les normes sociales. Valeurs : autodiscipline, obéissance.

8. **Tradition** Objectif : respect, engagement et acceptation des coutumes et des idées soutenues par la culture ou la religion auxquelles on se rattache. Valeurs : humilité, dévotion, respect de la tradition, modération.

9. **Bienveillance** Objectif : la préservation et l'amélioration du bien-être des personnes avec lesquelles on se trouve fréquemment en contact. Valeurs : serviabilité, honnêteté, pardon, loyauté, responsabilité, amitié.

10. **Universalisme** Objectif : compréhension, estime, tolérance et protection du bien-être de tous et de la nature. Valeurs : ouverture d'esprit, sagesse, justice sociale, égalité, paix dans le monde, monde de beauté, unité avec la nature, protection de l'environnement, harmonie intérieure.

---

[2] une autre façon d'en prendre connaissance est de passer le test "Questionnaire des valeurs par portraits" de Schwartz et ses collègues, via le site Canadien PsychoMedia. Si le lien ne fonctionne pas – ou si vous lisez un livre imprimé – demandez le à votre consultant

TEST : HIÉRARCHIE DES VALEURS

Quelle hiérarchie de valeurs vous motive et guide votre jugement ?

Notez chacune des affirmations dans le tableau, de 0 à 5

avec : 0 : ça n'est pas du tout moi.

1 : ça n'est pas moi

2 : ça pourrait être

moi 3 : c'est un peu

moi

4 : c'est moi

5 : c'est tout à fait moi

Une fois que vous aurez noté chaque ligne, faites le total par « valeur » et notez votre tiercé gagnant.

	Notez de 0 à 5
Autonomie	
11. Il est important pour moi de prendre mes propres décisions sur ce que je fais. J'aime être libre de planifier et de choisir mes activités.	
22. Je pense qu'il est important de s'intéresser à des choses. J'aime être curieux(se) et essayer de comprendre toutes sortes de choses.	
34. Il est important pour moi d'être indépendant(e). J'aime compter sur moi-même.	
Total	
Stimulation	
6. J'aime les surprises et suis toujours en quête de nouvelles choses à faire. Je pense qu'il est important de faire beaucoup de choses différentes dans la vie.	
15. J'aime prendre des risques. Je suis toujours à la recherche d'aventures.	
30. J'aime les surprises. Il est important pour moi d'avoir une vie passionnante.	
Total	
Hédonisme	
10. Je cherche toutes les occasions possibles de m'amuser. Il est important pour moi de faire des choses qui me donnent du plaisir.	
26. Profiter des plaisirs de la vie est important pour moi. J'aime me gâter.	
37. Je veux vraiment profiter de la vie. Prendre du bon temps est très important pour moi.	
Total	

	Notez de 0 à 5
Réussite (ou accomplissement)	
4. Il est important pour moi de montrer mes capacités. Je veux que les gens admirent ce que je fais.	
13. Avoir beaucoup de succès est important pour moi. J'aime impressionner les autres.	
24. Je pense qu'il est important d'être ambitieux(se). Je veux montrer à quel point je suis capable.	
32. Réussir dans la vie est important pour moi. Je m'efforce de faire mieux que les autres.	
Total	
Pouvoir	
2. Il est important pour moi d'être riche. Je veux avoir beaucoup d'argent et des choses dispendieuses.	
17. Il est important pour moi d'être en charge et de dire aux autres ce qu'ils doivent faire. Je veux que les gens fassent ce que je dis.	
39. Je veux toujours être celui (celle) qui prend les décisions. J'aime être leader.	
Total	
Sécurité	
5. Il est important pour moi de vivre dans un environnement sûr. J'évite tout ce qui pourrait menacer ma sécurité.	
14. Il est très important pour moi que mon pays soit en sécurité. Je pense que l'État doit être vigilant contre les menaces de l'intérieur et de l'extérieur.	
21. Il est important pour moi que les choses soient organisées et propres. Je n'aime vraiment pas le désordre.	
31. Je fais de mon mieux pour éviter de tomber malade. Rester en bonne santé est très important pour moi.	
35. Avoir un gouvernement stable est important pour moi. Je me soucie de la protection de l'ordre social.	
Total	

Conformité	Notez de 0 à 5
7. Je crois que les gens devraient faire ce qu'on leur dit. Je pense qu'ils devraient suivre les règles en tout temps, même quand personne ne regarde.	
16. Il est important pour moi de toujours se comporter correctement. Je veux éviter de faire quoique ce soit que les gens diraient incorrect.	
28. Je crois que je dois toujours montrer du respect à mes parents et aux personnes âgées. Il est important pour moi d'être obéissant(e).	
36. Il est important pour moi d'être tout le temps poli(e) avec les gens. J'essaie de ne jamais perturber ou irriter les autres.	
Total	
Tradition	
9. Je pense qu'il est important de ne pas demander plus que ce que l'on a. Je crois que les gens devraient être satisfaits de ce qu'ils ont.	
20. La croyance religieuse est importante pour moi. Je m'efforce de faire ce que ma religion exige.	
25. Je pense qu'il est mieux de faire les choses de façon traditionnelle. Il est important pour moi de suivre les coutumes que j'ai apprises.	
38. Il est important pour moi d'être humble et modeste. J'essaie de ne pas attirer l'attention.	
Total	

	Notez de 0 à 5
Bienveillance	
12. Il est très important pour moi d'aider les gens autour de moi. Je veux prendre soin de leur bien-être.	
18. Il est important pour moi d'être fidèle à mes amis. Je veux être dévoué(e) pour les personnes proches de moi.	
27. Il est important pour moi de répondre aux besoins des autres. J'essaie de soutenir ceux que je connais.	
33. Pardonner à ceux qui m'ont blessé(e) est important pour moi. J'essaie de voir ce qui est bon en eux et de ne pas tenir rancune.	
Total	
Universalisme	
3. Je pense qu'il est important que chaque personne dans le monde soit traitée de façon égale. Je crois que chacun devrait avoir les mêmes chances dans la vie.	
8. Il est important pour moi d'écouter les gens qui sont différents de moi. Même quand je suis en désaccord avec eux, je veux quand même les comprendre.	
19. Je crois fermement que les gens devraient prendre soin de la nature. Préserver l'environnement est important pour moi.	
23. Je crois que toutes les populations de la planète devraient vivre en harmonie. Promouvoir la paix entre tous les groupes dans le monde est important pour moi.	
29. Je veux que tous soient traités de façon juste, même les gens que je ne connais pas. Il est important pour moi de protéger les plus faibles de la société.	
40. Il est important pour moi de s'adapter à la nature et de s'y intégrer. Je crois que les gens ne devraient pas changer la nature.	
Total	

Résultats du questionnaire

Notez ici les 5 valeurs les mieux notées dans le tableau.

Résultat de votre réflexion

Relisez la description des 10 valeurs et notez les 3 plus importantes à vos yeux, sans forcément tenir compte des résultats du tableau

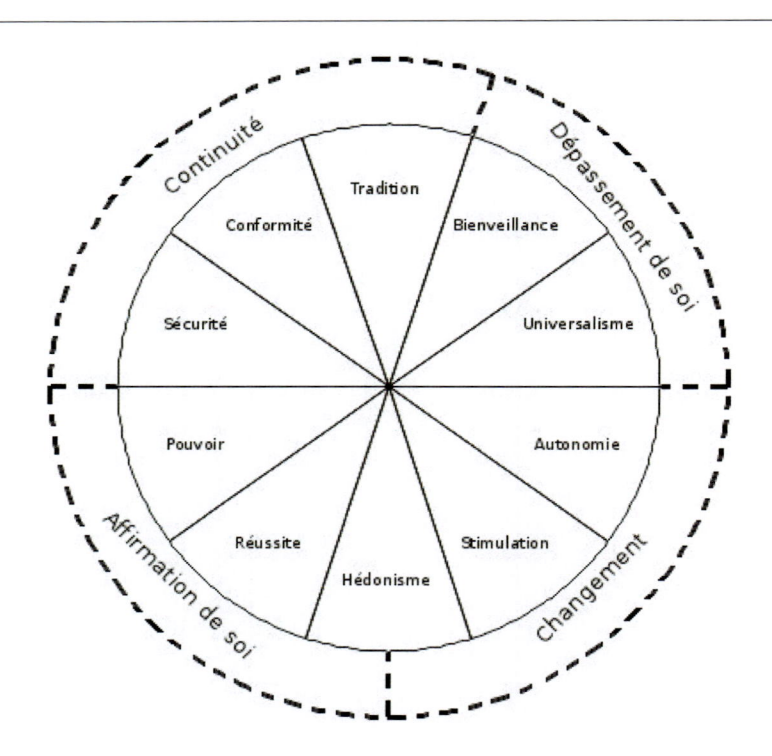

Encore quelques points sur les valeurs de Schwartz

Le bonheur

Bien qu'il s'agisse d'une valeur importante, le **bonheur** ne figure pas dans cette liste parce que chaque personne y parvient par des voies différentes en atteignant une valeur importante pour elle.

Compatibilité et conflits entre les valeurs

Ce modèle des valeurs est représenté par une structure circulaire : plus les valeurs sont rapprochées, plus elles partagent des motivations communes et sont compatibles. Plus elles sont éloignées, plus elles peuvent entrer en conflit.

Deux grandes dimensions résument ces relations d'antagonisme et de compatibilité :

- l'**ouverture au changement** (autonomie, stimulation, hédonisme) s'oppose à la **continuité** (conformité, tradition) ;
- le **dépassement de soi** (bienveillance, universalisme) s'oppose à l'**affirmation de soi** (pouvoir, réussite).

Hiérarchies des valeurs

Alors qu'il y a beaucoup de variations interindividuelles dans l'importance attribuée à ces 10 valeurs, lorsque l'on se place au niveau des moyennes dans différentes sociétés, des similitudes sont constatées dans les hiérarchies des valeurs.

1, 2, 3 : bienveillance, universalisme et autonomie arrivent en tête ;
4 : sécurité
5 ou 6 : conformité, tradition
7 : hédonisme
6, 7 ou 8 : réussite
9, 10 : pouvoir et stimulation arrivent en dernier.

Ce consensus découle probablement, selon le modèle, de ce qui est commun à la nature humaine ainsi que du fait que les valeurs contribuent à assurer le maintien des sociétés.

Notons que les politiciens, dépendant du segment de population duquel ils souhaitent obtenir le support, savent évoquer les valeurs correspondantes.

Focus personnel

Ouverture au changement
- Hédonisme
- Stimulation
- Autonomie
  - action
  - intention

Affirmation de Soi
- Réussite
- Pouvoir
  - domination
  - ressources
- Face

Protection
- Sécurité
  - personnelle
  - sociétale
- Tradition
- Conformité
  - règles
  - interpersonnelle

Continuité

Focus social

Dépassement de Soi
- Bienveillance
  - fiabilité
  - attention
- Universalisme
  - tolérance
  - nature
  - considération
- Humilité

Croissance

Benjamin Pastorelli
LaborAgora.com

Source :
Schwartz S. H., Cieciuch J., Vecchione M., Davidov E., Fischer R., Beierlein C., ... & Dirilen-Gumus O.

LES METAMORPHOSES DE L'AME ET SES SYMBOLES

Premier mandala dessiné par C. G. Jung

Après la question du sens et des valeurs, un autre point important est la notion de symbole. Le titre de ce chapitre est le titre d'un livre de Jung particulièrement important dans l'histoire de la psychologie, mais aussi très difficile à lire.

Nous en resterons à quelque chose de plus simple.

En commençant par un exercice :

DISTINGUER ENTRE
LES FAITS, LES OPINIONS, LES SENTIMENTS ET LES SYMBOLES

Pour chaque affirmation cocher la case correspondante.

	Faits	Opinions	Sentiments	Symboles
1 Il est lent				
2 Il a terminé ce projet avec un mois de retard				
3 J'ai du mal à m'adapter à son rythme de travail				
4 Ce type est la huitième plaie de l'Egypte				
5 Sa façon de négocier m'impressionne				
6 Il a augmenté son chiffre d'affaire par rapport à l'an dernier				
7 Il est habile dans la négociation				
8 C'est un génie de la vente				
9 C'est un mauvais manager				
10 Le tiers de son équipe a démissionné l'an dernier				
11 Je n'aimerais pas faire partie de son équipe				
12 Il suce le sang de ses collaborateurs				
13 Il m'est sympathique				
14 Il a l'esprit d'équipe				
15 Il a reçu récemment le prix du fair-play				
16 C'est un ange				
17 Il ne dit jamais bonjour à ses collègues				
18 Il méprise le travail de ses collègues				
19 Son attitude avec ses collègues me dérange				
20 Il se croit sorti de la cuisse de Jupiter				
21 Il est très rigoureux				
22 Il relit toujours les courriers qu'il signe				
23 Il m'irrite à toujours tout vérifier				
24 Il est omniscient				
25 C'est un homme désordonné				
26 Il ne range jamais son bureau				
27 Je n'arrive pas à me faire à son désordre				
28 C'est le chaos personnifié				
29 Il parle peu durant les réunions				
30 J'aimerais bien qu'il parle plus				
31 Il est timide				
32 En public, c'est le petit chaperon rouge				
33 C'est un homme organisé				
34 J'admire sa façon de s'organiser				
35 Le grand architecte de son agenda !				
36 Il est toujours à l'heure à ses rendez-vous				

LE CORRIGÉ

Pensez à discuter des réponses données ici.

	Faits	Opinions	Sentiments	Symboles
1 Il est lent		X		
2 Il a terminé ce projet avec un mois de retard	X			
3 J'ai du mal à m'adapter à son rythme de travail			X	
4 Ce type est la huitième plaie de l'Egypte				X
5 Sa façon de négocier m'impressionne		X	X	
6 Il a augmenté son chiffre d'affaire par rapport à l'an dernier	X			
7 Il est habile dans la négociation		X		
8 C'est un génie de la vente		X		
9 C'est un mauvais manager		X		
10 Le tiers de son équipe a démissionné l'an dernier	X			
11 Je n'aimerais pas faire partie de son équipe			X	
12 Il suce le sang de ses collaborateurs				X
13 Il m'est sympathique			X	
14 Il a l'esprit d'équipe		X		
15 Il a reçu récemment le prix du fair-play	X			
16 C'est un ange				X
17 Il ne dit jamais bonjour à ses collègues	X			
18 Il méprise le travail de ses collègues		X		
19 Son attitude avec ses collègues me dérange			X	
20 Il se croit sorti de la cuisse de Jupiter				X
21 Il est très rigoureux		X		
22 Il relit toujours les courriers qu'il signe	X			
23 Il m'irrite à toujours tout vérifier			X	
24 Il est omniscient				X
25 C'est un homme désordonné		X		
26 Il ne range jamais son bureau	X			
27 Je n'arrive pas à me faire à son désordre			X	
28 C'est le chaos personnifié				X
29 Il parle peu durant les réunions	X			
30 J'aimerais bien qu'il parle plus			X	
31 Il est timide		X		
32 En public, c'est le petit chaperon rouge				X
33 C'est un homme organisé		X		
34 J'admire sa façon de s'organiser			X	
35 Il est grand architecte de son agenda !				X
36 Il est toujours à l'heure à ses rendez-vous	X			

COMMENTAIRE

Il est plutôt aisé de distinguer les faits du reste. En effet, si l'affirmation porte sur des éléments concrets et vérifiables, elle sera factuelle.

Le sentiment, quant à lui, se distingue assez bien, à condition que celui qui l'exprime prenne la peine de bien formuler qu'il s'agit de son ressenti. Sinon, des mots exprimant ce qui ne serait qu'une opinion pourront être considérés comme chargés d'affect (de sentiments) par certains, ou totalement froids par d'autres.

Le symbole est encore plus singulier : il sera très évocateur pour certains et presque impossible à cerner pour d'autres. Le symbole prend son sens dans des mythes et légendes, et il sera perçu comme tel par ceux qui sont encore imprégnés par de tels mythes.

Le symbole est aussi la manifestation d'un archétype. Des individus d'une même culture (imprégnés des mêmes mythes et légendes), réagiront différemment selon la façon dont ils sont « habités » par l'archétype. Une affirmation qui évoque un symbole peut tomber complètement à plat, ou au contraire susciter une adhésion irraisonnée, voire un rejet furieux.

Nous allons tenter dans l'exercice suivant de savoir quels archétypes (quels symboles ou quels personnages de mythes et légendes) peuvent influencer la façon dont vous pouvez aspirer à certaines carrières.

ET SI VOTRE VIE PROFESSIONNELLE ETAIT UN CONTE DE FEES ?

Qui en serait le héros ?
Si vous vous souvenez des contes de fées de votre enfance, vous vous souviendrez aussi que le héros du conte peut être un prince, un chevalier, mais aussi un tailleur, un cordonnier, un bûcheron …
Comme les contes de fée existent dans toutes les cultures, on peut y trouver des brahmanes, des vizirs, des mandarins, mais aussi des barbiers, des pêcheurs de perles ou des cueilleurs de thé.
Nous ignorerons volontairement tous les monstres, des grands méchants loups aux dragons cracheurs de feu, en passant par le Djinn et toutes sortes de fantômes.

En lisant la liste, retenez le personnage qui vous attire le plus, en commençant par son nom. Dans un second temps, lisez la description et retenez-le ou écartez le.

- L'innocent
- Le sage
- L'orphelin
- Le héros
- Le magicien
- Le soignant
- L'explorateur
- Le rebelle
- Le souverain
- L'amoureux
- Le créateur
- Le bouffon

L'INNOCENT, SA DEVISE : LIBRE D'ÊTRE SOI-MÊME

Désir fondamental: arriver au paradis
But: être heureux
Grande peur: être puni pour avoir fait quelque chose de mal
Stratégie: bien faire les choses
Faiblesse: parfois ennuyeux
Talent: foi et optimisme
L'Innocent est également connu sous les noms de: utopiste, traditionaliste, naïf, mystique, saint, romantique, rêveur.

L'ORPHELIN : TOUS LES HOMMES ET TOUTES LES FEMMES SONT CRÉÉS ÉGAUX EN DROITS

Désir: se connecter aux autres
Plus grande peur: être laissé de côté ou se démarquer de la foule
Stratégie: développer vers le bas à la terre, la touche commune
Faiblesse: tisse parfois des relations superficielles
Talent: le réalisme, l'empathie, le manque de faux-semblants
Ce type est également connu comme: le bon vieux garçon, monsieur tout le monde, le voisin, le réaliste, le dur, le citoyen solide, le bon voisin, la majorité silencieuse.

LE HÉROS : LÀ OÙ IL Y A UNE VOLONTÉ, IL Y A UNE VOIE

Désir fondamental: prouver sa valeur par des actes courageux
Objectif: Maîtrise experte de manière à améliorer le monde
Plus grande peur: faiblesse, vulnérabilité
Stratégie: soyez aussi fort et compétent que possible
Faiblesse: arrogance, il faut toujours une autre bataille pour se battre
Talent: compétence et courage
Le Héros est également connu sous le nom de: Le guerrier, le combattant, le sauveteur, le super héros, le soldat, le tueur de dragon, le vainqueur et le joueur d'équipe .

LE SOIGNANT : AIME TON PROCHAIN COMME TOI-MÊME

Désir fondamental: protéger les autres et prendre soin de ceux-ci
Objectif: aider les autres
Grande peur: égoïsme et ingratitude
Stratégie: faire les choses pour les autres
Faiblesse: martyre et être exploité
Talent: compassion, générosité
Le soignant est également connu sous le nom de: saint, altruiste, parent, aide, partisan.

L'EXPLORATEUR : CONQUÉRIR LE MONDE

Désir fondamental: la liberté de découvrir qui vous êtes en explorant le monde.
Objectif: vivre une vie meilleure, plus authentique et plus épanouissante.
Plus grande peur: se faire prendre au piège, se conformer
Stratégie : voyage, chercher et découvrir de nouvelles choses, échapper à l'ennui
Faiblesse: errer sans but, devenir inadapté
Talent: autonomie, ambition, être fidèle à son âme
L'explorateur est également connu sous le nom de : chercheur, iconoclaste, errant, individualiste, pèlerin.

LE REBELLE : LES RÈGLES SONT FAITES POUR ÊTRE ENFREINTES

Désir fondamental: vengeance ou révolution
Objectif: renverser ce qui ne fonctionne pas
Grande peur: être impuissant ou inefficace
Stratégie: perturber, détruire ou choquer
Faiblesse: traverser vers le noir côté, crime
Talent: démesure, liberté radicale
Le rebelle est également connu sous le nom de : le révolutionnaire, l'homme sauvage, le inadapté ou l'iconoclaste.

L'AMOUREUX : CUEILLIR LES ROSES DE LA VIE

Désir fondamental: intimité et expérience
Objectif: être en relation avec les gens, leur travail et leur entourage
Plus grande peur: être seul, une girouette, non désirée, non aimée
Stratégie: devenir plus et plus attrayant physiquement et émotionnellement
Faiblesse: désir tourné vers l'extérieur de plaire aux personnes risquant de perdre leur identité
Talent: passion, gratitude, appréciation et engagement
L'amoureux est également connu sous le nom de: Partenaire, ami, intime, enthousiaste, sensuel, épouse, bâtisseur d'équipe.

LE CRÉATEUR : SI VOUS POUVEZ L'IMAGINER, C'EST RÉALISABLE

Désir fondamental: créer des objets de valeur durable
Objectif: réaliser une vision
Peur majeure: vision médiocre ou exécution
Stratégie: développer le contrôle et les compétences artistiques
Tâche: créer la culture, exprimer sa propre vision
Faiblesse: perfectionnisme, mauvaises solutions
Talent: créativité et imagination
Le créateur est également connu sous le nom de: artiste, inventeur, innovateur, musicien, écrivain ou rêveur.

LE BOUFFON : VOUS NE VIVEZ QU'UNE FOIS

Désir fondamental: vivre pleinement le moment voulu.
But: passer du bon temps et illuminer le monde.
Plus grande peur: être ennuyé ou ennuyeux.
Stratégie: jouer, faire des blagues, être drôle.
Faiblesse: frivolité, perte de temps
Talent: joie
Le bouffon est aussi connu sous le nom de: Le fou, le filou, le farceur, le farceur ou le comique.

LE SAGE : RENDRE CHAQUE JOUR VERTUEUX

Désir de base: trouver la vérité.
Objectif: utiliser l'intelligence et l'analyse pour comprendre le monde.
La plus grande peur: être dupé, induit en erreur ou l'ignorance.
Stratégie: rechercher des informations et des connaissances; réflexion sur soi et compréhension des processus de pensée.
Faiblesse: peut étudier les détails pour toujours et ne jamais agir.
Talent: sagesse, intelligence.
Le sage est également connu sous les noms de: expert, érudit, détective, conseiller, penseur, philosophe, universitaire, chercheur, penseur, urbaniste, professionnel, mentor, enseignant, contemplatif.

LE MAGICIEN : JE FAIS BOUGER LES CHOSES

Désir fondamental: comprendre les lois fondamentales de l'univers
Objectif: réaliser ses rêves
Plus grande peur: des conséquences négatives non voulues
Stratégie: développer une vision et en vivre
Faiblesse: devenir manipulateur
Talent: trouver des solutions gagnant-gagnant
Le magicien est également connu comme: Le visionnaire, catalyseur, inventeur, leader charismatique, chaman, guérisseur.

LE SOUVERAIN : LE POUVOIR NE FAIT PAS TOUT, C'EST LA SEULE CHOSE

Désir fondamental: contrôler
Objectif: créer une famille ou une communauté prospère et prospère
Stratégie: exercer le pouvoir
Peur la plus grande: chaos, être renversé
Faiblesse: être autoritaire, incapable de déléguer
Talent: responsabilité, leadership
Le dirigeant est également appelé: le chef, le chef, aristocrate, roi, reine, homme politique, modèle, gestionnaire ou administrateur.

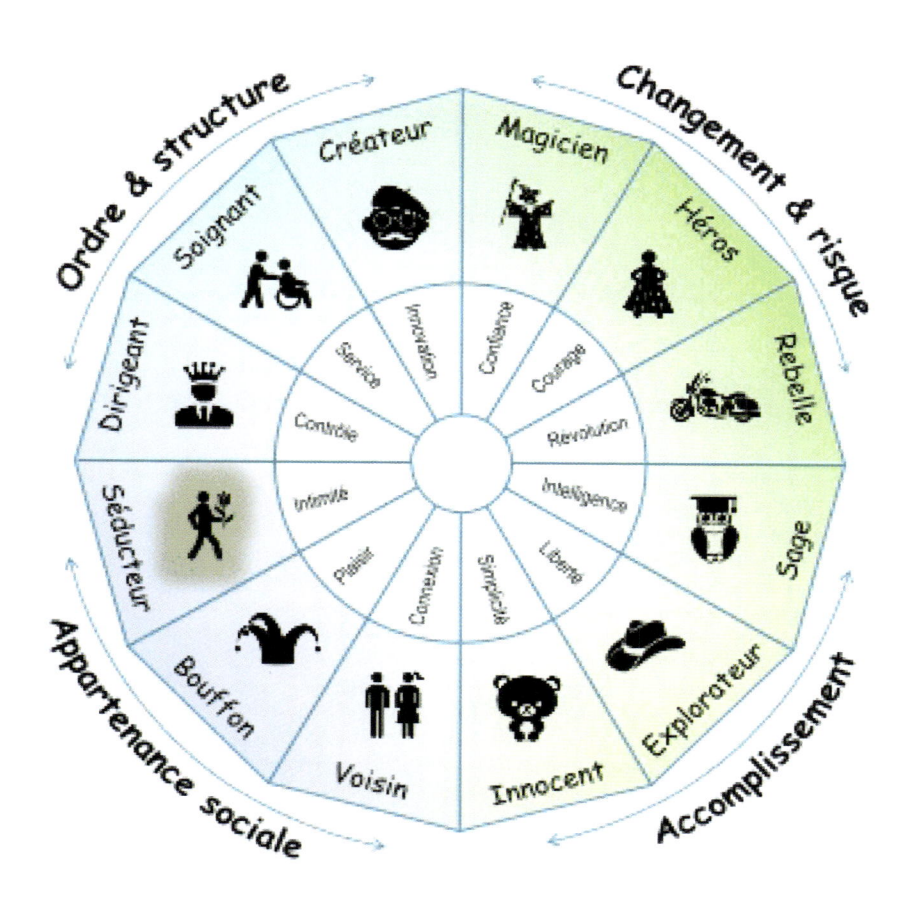

Bien qu'il existe de nombreux archétypes différents, et qu'ils soient capables de se métamorphoser ; on peut tirer des observations de Jung douze symboles principaux qui sont en rapport avec les motivations humaines fondamentales. Chaque type a son propre ensemble de valeurs, de significations et de traits de personnalité. En outre, les douze types sont divisés en trois ensembles de quatre, à savoir l'ego, l'âme et le soi. Les types de chaque ensemble partagent une source motrice commune. Par exemple, les types de l'ensemble de l'ego sont conçus pour répondre à des objectifs définis par l'ego.

La plupart des personnes, sinon toutes, ont plusieurs archétypes en jeu dans la construction de leur personnalité. Cependant, un archétype a tendance à dominer la personnalité à un moment particulier de la vie. Il peut être utile de savoir quels archétypes sont en jeu chez soi et chez les autres, en particulier les êtres chers, les amis et les collègues de travail, afin d'obtenir un aperçu personnel des comportements et des motivations.

CONCLUSION ET RAPPELS

« Les contes de fées ne révèlent pas aux enfants que les dragons existent : ils le savent déjà. Les contes de fées leur révèlent qu'on peut tuer ces dragons ».

Gilbert K. Chesterton

Notez vos personnages de contes de fées, tirés de la liste

Vos choix personnels (si vous avez en tête d'autres personnages ne figurant pas dans ces tableaux)

SYNTHÈSE DE VOTRE TRAVAIL DE RÉFLEXION

LE SENS DE VOTRE VIE

Votre aspiration pour dans dix ans

Votre aspiration pour dans cinq ans

Votre aspiration pour dans trois ans

LES HÉROS DE VOTRE CONTE PROFESSIONNEL

Le héros

Son compagnon

Leur complice

VOS VALEURS

Résumez les caractéristiques principales d'un projet qui aurait du sens pour vous aujourd'hui :

……
……
……
……
……
……
……
…………………………

RAPPEL *sur l'entretien précédent*

Lors du premier entretien, votre consultant vous aura invité à raconter votre histoire de vie, à commencer par les souvenirs de vos premiers choix, qu'il s'agisse de rêves d'enfant, de réponses au classique « qu'est-ce que tu veux faire quand tu seras grand ? », ou encore, la façon dont vous avez vécu votre orientation scolaire au collège.

Viennent ensuite des étapes incontournables de la scolarité et de l'emploi.

Vous pouvez revenir sur ce point en choisissant des extraits de cette « histoire de vie » que vous auriez envie de raconter. Une fois l'événement choisi (selon vos propres critères), prenez le temps de le mettre en forme en suivant ce schéma :

- **S**ituation
- **T**âche à accomplir
- **A**ction menée
- **R**ésultat

Par exemple

Vincent, 55 ans, ingénieur en électronique nous raconte qu'il a été trésorier de l'association d'élèves de sa classe prépa et qu'on l'a chargé d'organiser le bal de la promo. Mis en forme ça donne :

En XXXX, en première année de prépa X au lycée XXXXXXXXXX, j'étais le trésorier de l'association des élèves, **(situation)**

les anciens m'ont chargé de la vente des tickets d'entrée à la fête annuelle. **(tâche à accomplir)**

J'ai fait coller les affiches qu'on avait sur des endroits improbables comme en haut du beffroi du lycée, **(action menée)**

ce qui a lancé une rumeur extraordinaire (buzz) telle qu'aucune autre action de communication n'a été nécessaire et toutes les places ayant été vendues à l'avance la soirée s'est faite à guichet fermé. **(résultat)**.

Patrick, camarade de classe de Vincent

Situation

En XXXX, j'étais interne au lycée XXXXXXXXX, en première année de prépa X, et nous avions, moi et les 8 autres pensionnaires, que peu de chance de passer en deuxième année, parce que nos notes en maths étaient trop mauvaises (ou les examen d'évaluation trop difficiles)

Tâche à accomplir

Il fallait avoir de meilleures notes en maths

Action menée

J'ai mobilisé mes camarades d'internat pour préparer les réponses aux contrôles de maths.

Résultat

Les notes des internes au dernier trimestre frôlaient le 20/20

Patrick, camarade de classe de Vincent.

Situation

En XXXX, j'étais interne au lycée XXXXXXXXX, en première année de prépa X, et nous avions, moi et les 8 autres pensionnaires, que peu de chance de passer en deuxième année, parce que nos notes en maths étaient trop mauvaises (ou les examen d'évaluation trop difficiles)

Tâche à accomplir

Il fallait avoir de meilleures notes en maths, et pour ça, pouvoir se procurer les sujets des examens de contrôle la veille au soir.

Action menée

J'ai parlé avec les acrobates qui avaient collé les affiches du bal de la promo en haut du beffroi. Je les ai convaincu de s'introduire dans la salle de ronéo par un petit vasistas et de nous rapporter le stencil.

Résultat

En travaillant à 8 toute la nuit, nous avions toutes les réponses déjà prêtes pour l'examen.

Ces exemples tirés d'histoires vraies sont choisis pour leur coté « anecdotique ». Pour faire cet exercice, pensez aux anecdotes que vous avez envie de partager.

ANNEXES

Une autre pyramide de DILTS

Plus de tableaux à remplir

Codes RIASEC et les métiers des héros de contes de fées

Les codes de Holland (RIASEC) en 2 images.

Quater
EXPERT IN EVOLUTION PROFESSIONNELLE

Question	Niveau
Pour quelle raison ?	Sens
Qui sommes-nous ?	Identité
Pourquoi ?	Croyances/Valeurs
Comment faire ?	Capacités
Quoi faire ?	Comportement
Où et quand ?	Environnement

Le domaine professionnel

QUESTION	RÉPONSE
Dans 5 ans, que voudriez-vous être ?	
Dans cinq ans, que voudriez-vous ne pas être ?	
Aujourd'hui, que regrettez-vous de ne pas avoir fait ?	
Aujourd'hui, que n'avez-vous plus envie de faire ?	
Que voulez-vous continuer à faire ?	
Si vous disposiez de trois heures de plus par jour, que feriez-vous ?	
Que rêveriez-vous de faire ?	

Le couple

QUESTION	RÉPONSE
Dans 5 ans, que voudriez-vous être ?	
Dans cinq ans, que voudriez-vous ne pas être ?	
Aujourd'hui, que regrettez-vous de ne pas avoir fait ?	
Aujourd'hui, que n'avez-vous plus envie de faire ?	
Que voulez-vous continuer à faire ?	
Si vous disposiez de trois heures de plus par jour, que feriez-vous ?	
Que rêveriez-vous de faire ?	

Professionnel — Couple — Social — Soi — Famille

La famille

QUESTION	RÉPONSE
Dans 5 ans, que voudriez-vous être ?	
Dans cinq ans, que voudriez-vous ne pas être ?	
Aujourd'hui, que regrettez-vous de ne pas avoir fait ?	
Aujourd'hui, que n'avez-vous plus envie de faire ?	
Que voulez-vous continuer à faire ?	
Si vous disposiez de trois heures de plus par jour, que feriez-vous ?	
Que rêveriez-vous de faire ?	

L'activité professionnelle

QUESTION	RÉPONSE
Dans 5 ans, que voudriez-vous être ?	
Dans cinq ans, que voudriez-vous ne pas être ?	
Aujourd'hui, que regrettez-vous de ne pas avoir fait ?	
Aujourd'hui, que n'avez-vous plus envie de faire ?	
Que voulez-vous continuer à faire ?	
Si vous disposiez de trois heures de plus par jour, que feriez-vous ?	
Que rêveriez-vous de faire ?	

Professionnel   Couple   Social   Soi   Famille

L'épanouissement personnel

QUESTION	RÉPONSE
Dans 5 ans, que voudriez-vous être ?	
Dans cinq ans, que voudriez-vous ne pas être ?	
Aujourd'hui, que regrettez-vous de ne pas avoir fait ?	
Aujourd'hui, que n'avez-vous plus envie de faire ?	
Que voulez-vous continuer à faire ?	
Si vous disposiez de trois heures de plus par jour, que feriez-vous ?	
Que rêveriez-vous de faire ?	

Professionnel   Couple   Social
         Soi   Famille

Le social (les activités – les amis)

QUESTION	RÉPONSE
Dans 5 ans, que voudriez-vous être ?	
Dans cinq ans, que voudriez-vous ne pas être ?	
Aujourd'hui, que regrettez-vous de ne pas avoir fait ?	
Aujourd'hui, que n'avez-vous plus envie de faire ?	
Que voulez-vous continuer à faire ?	
Si vous disposiez de trois heures de plus par jour, que feriez-vous ?	
Que rêveriez-vous de faire ?	

« ET SI VOTRE VIE PROFESSIONNELLE ETAIT UN CONTE DE FEES, QUI EN SERAIT LE HEROS ? **QUEL SERAIT SON EMPLOI OU SON MÉTIER ?**

Vous avez reconnu un ou plusieurs personnages pouvant faire figure de héros. Quel serait son métier ou son emploi ?

Par la fonction qu'ils occupent ou le métier qu'ils exercent, les héros de votre propre conte de fées vont prendre plus de relief.

Cette fois encore votre ressenti compte plus que les explications.

Dernier point : les métiers et leurs appellations ont été tirés de contes et légendes, donc, d'époques plutôt lointaines. Non seulement ils peuvent prêter à confusion, mais encore, compte tenu de ce qu'a été notre Histoire, ils sont le plus souvent au masculin sans équivalent féminin : ils n'en reste pas moins que ces métiers peuvent être exercer par des héroïnes autant que par des héros.

Le héros de votre conte de fées est un…

EI	Gouverneur	Connétable, Maire	Il a le pouvoir et les contraintes qui l'accompagne : il définit la stratégie que les autres vont appliquer, mais il devra rendre des comptes à tous ses sujets. Son rôle est de décider et d'agir, il est entreprenant, mais il doit aussi résoudre des problèmes complexes sans disposer de toute l'information nécessaire.
EA	Chancelier	Avocat à la cours	Il met en forme les décisions du Prince pour les faire exécuter. Il sait rendre attrayant ce qui est sévère et sait convaincre ses interlocuteurs.
ER	Capitaine de la garde	Garde, Archer, Chevalier	Il aime l'action, les réalisations concrètes, que ce soit pour construire quelque chose ou atteindre un objectif. Il organise, planifie et ordonne. Au service du Prince.
ES	Marchand	Négociant, colporteur	Il ont de l'influence sur les gens, en comprenant leurs besoins et en les aidant à orienter leurs choix et à prendre en charge certains aspects de leur vie.
AS	Troubadour	Conteur, poète	Il utilise sa créativité et son imagination pour créer et partager des moments d'émotion avec leur entourage.
AE	Jongleur	Acrobate, cracheur de feu, contorsionniste	Créatif, et doués d'un grand sens esthétique, ils ont aussi un esprit d'entreprise et un talent pour vendre leur projet.
SR	Champion	Laniste, Aurige, Maître d'armes	Il cherche des occasions d'être en relation avec les autres dans le cadre d'activités concrètes et de plein air qui nécessitent des actions, des déplacements ou des manipulations d'accessoires ou d'outils.
SI	Archiviste	Bibliothécaire, greffier,	Il aime rendre service aux autres en relevant des défis intellectuels, et en s'appuyant une analyse objective et rationnelle.
SA	Chambellan	Costumier du roi	Créatif, sensible et dévoué, il peut aussi être original ou non conformiste. Il se rend utile aux autres en offrant un soutien d'ordre culturel ou éducatif.
SE	Échanson	Bouteiller, sommelier	Il aime être en contact actif avec les autres, individus ou groupes, pour leur apporter son aide, un service ou son expertise, à condition qu'on lui laisse le champ libre sur la façon d'agir..
IA	Astronome	Astrologue	Il aime jouer avec les idées, résoudre des problèmes et comprendre des phénomènes, préfère imaginer et concevoir, alliant logique et intuition.

IS	Chirurgien	Rebouteux, guérisseur	De nature intellectuelle et curieuse tout en recherchant les occasions de contact avec les autres, il est particulièrement à l'aise avec les problèmes de santé.
IR	Sénéchal,	Intendant, régisseur, navigateur	Il est intéressé par les problèmes complexes relatifs à des choses concrètes. C'est un « chercheur-penseur » en action.
IE	Alchimiste	Apothicaire	A la fois, logique, rationnel et critique, et aussi énergique, ambitieux et persuasif, il est attiré, d'une part, par des activités intellectuelles, et, d'autres part, par des activités qui requièrent un esprit d'entreprise, du leadership, le sens de la planification et de la décision.
IC	Précepteur		Il apprécie les activités intellectuelles pour lesquelles il s'en tient à des méthodes de travail et à des règles bien établies pour un résultat précis.
RI	Joaillier	luthier, bucheron	Persévérant, habile de ses mains, doué pour résoudre des problèmes techniques et comprendre les mécanismes des choses, il aime les travaux concrets qui donnent des résultats tangibles.
RA	Tisserand,	Maroquinier, orfèvre	Dextérité manuelle, goût pour la création et sens esthétique au service de réalisations concrètes, il aime à imaginer des formes et les réaliser concrètement et avec minutie.
RS	Forgeron	Maréchal Ferrand,	Habile à manipuler des machines ou des outils pour accomplir des tâches techniques avec des résultats tangibles, il aime travailler en équipe, aider, conseiller et enseigner son savoir faire.
RE	Chasseur	Maraîcher, fermier, éleveur, pêcheur	il aime les tâches techniques et l'efficacité au travail, et comme il est énergique, doué d'un certain leadership et bon planificateur, il peut aussi être s'exprimer dans la vente et les affaires.

RC	Tailleur	Il aime les tâches concrètes clairement définies qui nécessitent l'usage méthodique de machines ou d'outils et qui sont en rapport avec des objets ou des données plutôt qu'avec des idées ou des personnes.
	Brasseur, scieur, briqueteur	
CR	Commis de boutique	Il aime les tâches concrètes bien définies, méthodiques, encadrées par des directives claires ou par des procédures précises. Il est habile à se servir de machines ou d'outils pour exécuter un travail précis, régulier, voire routinier.
CE	Argentier	Il fait preuve d'initiative, ne craint pas les responsabilités et sait défendre ses opinions. Il est sûr de lui pour les tâches bien définies qui requièrent un bon sens de la planification, mais a besoin d'avoir le champ libre pour s'organiser.
	Banquier, cambiste	
CS	Concierge	Ordonné, efficace et consciencieux il s'efforce de satisfaire les attentes de son entourage d'autant qu'il aime être en contact avec les autres. Il aime les objectifs et les procédures clairement définis et peut alors être d'une grande rapidité d'exécution sans faire d'erreur

« ET SI VOTRE VIE PROFESSIONNELLE ETAIT UN CONTE DE FEES, QUI EN SERAIT LE HEROS ? **QUEL SERAIT SON EMPLOI OU SON MÉTIER ?**

Décodage RIASEC

SOCIAL

SRSR Les personnes qui ont ce profil recherchent les occasions d'être en relation avec les autres dans le cadre d'activités concrètes qui nécessitent des déplacements ou des manipulations de machines pour accomplir quelque chose. Elles préfèrent les activités de groupe en plein air aux activités sédentaires. Du fait qu'elles jouissent en général d'une bonne forme physique et d'une bonne coordination visuo-motrice, elles sont souvent douées pour les sports qui, de surcroît, leur permettent de satisfaire leur besoin de contacts sociaux. Elles peuvent apprécier également les professions de service dans lesquelles elles ont à s'occuper concrètement d'autres personnes pour donner, par exemple, des soins pratiques de santé.

SISI Les personnes qui ont ce profil sont en général attirées par les professions qui leur permettent de répondre aux besoins d'aide physique ou psychologique des gens (comme celles liées à la médecine, la psychologie ou l'éducation) et qui comportent également un certain défi intellectuel convenant à leur côté chercheur. Plusieurs traits de personnalité complémentaires les rendent particulièrement aptes à aider efficacement les autres : d'une part, elles ont de la facilité à entretenir des relations significatives, elles sont perspicaces, bienveillantes et dévouées; d'autre part, elles cherchent à comprendre le « pourquoi du comment » des problèmes ou besoins des gens et s'efforcent d'appuyer leur intervention sur une analyse objective des faits.

SASA Les personnes qui ont ce profil ont une préférence pour les activités qui leur permettent d'être utiles aux autres en offrant un soutien qui est davantage d'ordre culturel ou éducatif que d'ordre matériel. Ce sont des personnes sensibles et dévouées qui recherchent les occasions de partager des moments d'émotion et des idées avec les autres tout en étant d'esprit indépendant, non conformiste, voire original. Elles s'engagent volontiers dans un travail d'équipe faisant appel à leur sens de la collaboration dans la mesure où elles ont la possibilité d'exprimer leur personnalité et leur créativité. Elles sont habituellement attirées par les arts, les langues et la culture en général.

SESE Les personnes qui ont ce profil éprouvent le besoin d'être en contact actif avec les autres, individus ou groupes, dans le but de leur être utiles. Elles apprécient que les gens se fient à leur expertise pour obtenir l'aide ou le service dont ils ont besoin, mais elles préfèrent qu'on leur laisse le champ libre pour organiser les choses à leur façon et décider de ce qui convient le mieux dans les circonstances. En cas de désaccord, elles useront volontiers de leur capacité d'influence pour convaincre les dissidents. Elles possèdent une détermination, un esprit d'entreprise et un enthousiasme communicatif qui servent bien leur désir de prendre des responsabilités et leur ambition de réussite. Elles ont de la facilité à planifier un projet en fonction d'objectifs et de stratégies déterminées et se révèlent souvent des leaders efficaces.

ARTISTE

AEAE Les personnes qui ont ce profil sont attirées par les activités d'expression ou de production artistique qui sollicitent leur talent créateur et leur sens esthétique et jouissent en plus d'un esprit d'entreprise et d'un sens de la planification qui leur permettent d'organiser efficacement leur travail pour réaliser leurs objectifs. Elles ont de la facilité à vendre leurs idées, à rallier leur entourage à la décision qu'elles estiment la meilleure ou aux opinions qu'elles défendent. Elles peuvent être des leaders efficaces ou des gens d'affaires avisés dans un domaine artistique. Elles sont actives, énergiques et ne craignent pas de prendre des risques calculés.

ASAS Les personnes qui ont ce profil ont besoin de pouvoir exprimer leur personnalité imaginative dans leur travail tout en ayant l'occasion de partager des moments d'émotion avec leur entourage. Elles sont attirées par les activités d'expression artistique et ont souvent un talent pour la création, une aptitude à trouver des idées originales dont elles souhaitent faire profiter un public, une clientèle. Ce sont des personnes sensibles, perspicaces, d'esprit indépendant et qui désirent être appréciées. Elles ont de la facilité à communiquer leurs idées et leurs sentiments, mais elles sont aussi attentives aux autres, capables d'écoute et de dévouement.

ENTREPRENANT

ERER Les personnes qui ont ce profil recherchent les occasions de prendre les choses en charge pour réaliser des tâches concrètes, en rapport avec des choses matérielles plutôt qu'avec des problèmes abstraits. Elles font preuve d'un grand sens de l'organisation pratique pour atteindre leurs propres buts ou pour diriger une équipe de travail dont les tâches sont d'ordre matériel (fabrication, réparation, transport). Elles ont de la facilité à structurer un travail en déterminant des étapes de réalisation précises et des moyens efficaces d'atteindre les résultats recherchés. Elles ont souvent les habiletés manuelles et techniques et le leadership nécessaires pour être respectées comme chef des opérations.

EIEI Les personnes qui ont ce profil sont attirées par les activités qui sollicitent leur esprit d'entreprise et leur sens de l'organisation tout en satisfaisant leur côté chercheur intéressé par les problèmes scientifiques ou techniques. Elles ont l'ambition et l'audace des gens d'affaires en même temps que la capacité d'analyse et la rigueur logique des chercheurs scientifiques. Elles ont de la facilité à mettre sur pied et à diriger des projets dans lesquels il faut résoudre des problèmes en appliquant des stratégies bien planifiées.

EAEA Les personnes qui ont ce profil ont une préférence pour les activités qui mettent à profit leur esprit d'action et leur talent de persuasion tout en leur fournissant l'occasion d'exprimer leur personnalité, leur esprit indépendant et non conformiste. Ces sont des personnes dynamiques dont l'enthousiasme est communicatif. Elles recherchent les responsabilités, ne craignent pas de prendre des risques et défendent leurs convictions avec énergie. Elles apprécient les idées originales, innovatrices et sont attirées par tout ce qui concerne la création, l'esthétique, l'expression de soi.

ESES Les personnes qui ont ce profil sont attirées par les activités qui leur permettent d'exercer de l'influence sur les autres. Elles sont à l'aise dans des fonctions qui consistent à conseiller des personnes, à orienter leurs choix, à prendre en charge l'organisation de certains aspects de leur vie (loisirs, finances, avenir, travail, etc.). Elles ont de la facilité à entrer en contact avec les autres, à comprendre leurs besoins et à prendre les moyens efficaces pour leur venir en aide. Elles sont sûres d'elles-mêmes, optimistes et convaincantes de sorte que les gens s'en remettent volontiers à elles pour déterminer ce qu'il faut faire et comment le faire. Elles prennent facilement le leadership dans un groupe.

RÉALISTE

RIRI Les personnes qui ont ce profil préfèrent réaliser des travaux concrets qui leur permettent d'obtenir des résultats tangibles. Elles sont généralement douées pour résoudre des problèmes techniques car en plus d'être habiles de leurs mains et observatrices, elles cherchent à comprendre les mécanismes des choses, le « comment » de ce qui se passe, ce qu'il y a derrière. Elles ont le souci du détail et de la précision et font preuve de persévérance pour venir à bout des difficultés.

RARA Les personnes qui ont ce profil sont attirées par les réalisations concrètes qui font appel à la fois à leur dextérité manuelle et à leur goût pour la création. Elles ont souvent de la facilité à imaginer des formes, à se représenter mentalement des objets à partir d'un dessin ou d'un plan. Elles aiment réaliser concrètement des produits de leur imagination et travaillent avec minutie, en se souciant du détail et de l'esthétique.

RSRS Les personnes qui ont ce profil ont une préférence pour un travail concret en rapport avec les objets mais qui leur permet aussi d'être en contact avec des gens ou de rendre service en action. Elles sont habiles à manipuler des machines ou des outils pour accomplir des tâches techniques dont les résultats sont tangibles. Elles ont de la facilité à s'exprimer et s'intègrent bien dans une équipe de travail dont les membres doivent collaborer pour réaliser concrètement une tâche pratique. Elles donnent volontiers de l'aide et des conseils à leur entourage et aiment enseigner leur savoir-faire.

RERE Les personnes qui ont ce profil ont une préférence pour les réalisations concrètes et les tâches techniques qui requièrent de la dextérité manuelle, mais elles ont en même temps besoin d'agir pour que le travail se déroule de façon efficace et productive. Énergiques, douées d'un certain leadership et bonnes planificatrices, elles peuvent mettre ces qualités à profit pour diriger des projets ou des équipes de travail dans un domaine d'activités convenant à leur goût des choses concrètes et pratiques ou pour se lancer dans la vente ou dans les affaires.

RC RC Les personnes qui ont ce profil préfèrent les tâches concrètes clairement définies qui nécessitent l'usage méthodique de machines ou d'outils. Elles sont plus à l'aise dans un travail en rapport avec des objets ou des données qu'avec des idées ou des personnes. Elles sont bien organisées, précises, minutieuses et efficaces dans la mesure où leur travail s'effectue selon des procédures bien établies. Elles aiment que les choses soient bien rangées, bien présentées, finies avec minutie.

INVESTIGATEUR

IRIR Les personnes qui ont ce profil sont généralement intéressées par les problèmes complexes relatifs aux phénomènes observables, aux procédés, au fonctionnement des objets. Elles préfèrent toutefois agir concrètement, expérimenter, utiliser des machines ou des outils pour obtenir le résultat recherché, plutôt que de jongler avec des idées ou des données abstraites. Des disciplines comme les sciences expérimentales ou médicales, la haute technologie ou l'ingénierie, conviennent particulièrement à leur profil de « chercheur-penseur en action ».

I**A**IA Les personnes qui ont ce profil aiment jouer avec les idées, résoudre des problèmes et comprendre des phénomènes. Elles préfèrent imaginer et concevoir plutôt que produire et appuient leurs réflexions tantôt sur un raisonnement intellectuel, logique et rigoureux, tantôt sur une approche intuitive, comparable au processus de création artistique. Curieuses et d'esprit indépendant, elles ne craignent pas de s'engager dans des voies nouvelles et elles apprécient les idées innovatrices, originales.

I**S**IS Les personnes qui ont ce profil sont de nature intellectuelle et curieuse tout en recherchant les occasions de contact avec les autres. Elles sont attirées par des activités qui leur permettent d'appliquer leurs connaissances et leurs facultés intellectuelles pour résoudre des problèmes ou comprendre des phénomènes sans pour autant être isolées. Elles peuvent satisfaire à la fois leur côté investigateur et leur côté social soit en recherchant les occasions de discussion et de travail d'équipe pour résoudre des problèmes, soit en oeuvrant dans l'enseignement de matières scientifiques ou dans un domaine de la santé physique ou mentale.

I**E**IE Les personnes qui ont ce profil ont des intérêts qui peuvent sembler difficiles à concilier. Elles sont attirées, d'une part, par des activités intellectuelles qui nécessitent d'analyser, de chercher « le pourquoi du comment », de résoudre des problèmes et, d'autres part, par des activités qui requièrent un esprit d'entreprise, du leadership, le sens de la planification et de la décision. D'une part, elles sont logiques, rationnelles et critique, d'autre part, elles sont énergiques, ambitieuses et persuasives. Ces tendances s'avèrent toutefois complémentaires dans ces fonctions comme la direction de programmes de recherche, la mise en marché de produits de haute technologie ou la gestion de projets scientifiques pouvant déboucher sur la commercialisation de nouveaux produits.

I**C**IC Les personnes qui ont ce profil sont attirées par les activités qui sollicitent leur capacité d'analyse et de jugement sans toutefois qu'elles aient à faire preuve de créativité pour imaginer des solutions innovatrices à des problèmes ou pour mettre au point de nouveaux procédés. Elles préfèrent au contraire s'en tenir à des méthodes de travail et à des règles bien établies leur permettant d'obtenir un résultat précis. Elles ont un sens développé de l'observation, un esprit logique et un souci de l'exactitude qui conviennent bien aux tâches dans lesquelles il faut marier des données de façon systématique pour obtenir le résultat recherché.

CRCR Les personnes qui ont ce profil ont une préférence pour les tâches bien définies, méthodiques, encadrées par des directives claires ou par des procédures précises. Elles sont plus à l'aise dans un travail concret et pratique en rapport avec des objets ou des données comptables que dans un travail de réflexion sur des idées ou des problèmes abstraits. Douées d'une bonne dextérité manuelle et d'une bonne coordination motrice, elles sont habiles à se servir de machines ou d'outils pour exécuter un travail précis, régulier, voire routinier. Ce sont des personnes efficaces, minutieuses et fiables qui se préoccupent de bien faire leur travail sans vouloir changer le monde.

CICI Les personnes qui ont ce profil recherchent les occasions de mettre à profit leur souci de l'ordre et de la méthode dans un contexte convenant à leur côté investigateur porté à s'interroger sur « le pourquoi du comment ». Respectueuses de l'autorité tout en ayant le sens critique et un bon jugement, elles peuvent être à l'aise dans un rôle de surveillance ou de contrôle dans lequel elles ont à déceler des situations qui dérogent aux règles établies et à faire en sorte de redresser les choses. Elles sont habiles à découvrir « ce qui cloche » dans un ensemble de faits ou de données car elles ont le sens de l'observation et de l'analyse et ont la mémoire de détail. Ce sont des personnes strictes qui refusent l'à peu près et qui prennent la peine de se renseigner en cas de doute.

CSCS Les personnes qui ont ce profil préfèrent accomplir des tâches dont les objectifs et les procédures sont clairement définis dans un contexte qui leur permet de rendre service aux gens ou du moins d'être en contact avec les autres. Elles sont habiles à enregistrer, classer ou compiler des données et des documents selon des règles systématiques et sont capables d'une grande rapidité d'exécution sans faire d'erreur. Un travail de bureau régulier et sédentaire leur convient pour autant qu'elles sont dans un milieu leur permettant d'entretenir de bonnes relations avec des collègues ou d'avoir des contacts avec la clientèle du service. Ce sont des personnes ordonnées, efficaces et consciencieuses qui s'efforcent de satisfaire les attentes de leur entourage et qui ont le sens de la collaboration.

CECE Les personnes qui ont ce profil ont une préférence pour les tâches bien définies dans lesquelles elles savent clairement ce qu'elles ont à faire et ce qu'on attend d'elles, mais elles ont besoin d'avoir le champ libre pour organiser leur travail comme bon leur semble. Elles font preuve d'initiative et ne craignent pas les responsabilités. Ce sont des personnes débrouillardes et sûres d'elles-mêmes qui aiment prendre leurs propres décisions. Douées d'un certain talent de persuasion, elles défendent leurs opinions avec énergie et ont de l'influence sur leur entourage. Elles sont efficaces dans des tâches régulières de bureau ou de service commercial qui requièrent un bon sens de la planification.

Exercice : Imaginez une foule réunie pour un cocktail ou une soirée mondaine. Vers lequel de ces personnages avez-vous envie d'aller pour engager la discussion ? Un peu plus tard, votre premier choix quitte la réception. Vers qui vous tournez-vous alors ? Celui-là finit par quitter la réunion lui aussi. Quel est votre troisième choix ?
Notez les codes correspondant à vos choix.

Réaliste
Personnes ayant des aptitudes d'ordre mécanique, technique, ou athlétique. Qui préfèrent travailler avec des objets, des machines, des outils, des plantes, des animaux, ou avoir des activités en extérieur

Investigateur
Personnes qui aiment observer, apprendre, investiguer, analyser, évaluer ou résoudre des problèmes

Conventionnel
Des personnes qui aiment travailler avec des chiffres, ont des capacités d'ordre administratif ou numérique. Aiment soigner le détail ou suivre les instructions des autres

Artiste
Personnes qui ont des capacités artistiques, d'innovation ou intuitives, qui aiment travailler dans une situation non structurée en utilisant leur imagination ou leur créativité.

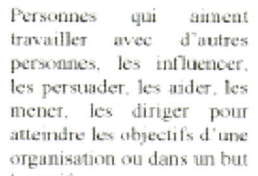

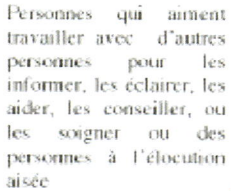

Entrepreneur
Personnes qui aiment travailler avec d'autres personnes, les influencer, les persuader, les aider, les mener, les diriger pour atteindre les objectifs d'une organisation ou dans un but lucratif

Social
Personnes qui aiment travailler avec d'autres personnes pour les informer, les éclairer, les aider, les conseiller, ou les soigner ou des personnes à l'élocution aisée

19 valeurs.

Psychomedia est un site Canadien qui propose de nombreux articles de qualité (avec beaucoup d'encarts publicitaires) et des tests gratuits. Ici, le test des 19 valeurs de Schwartz. Au final, le sociologue identifiera plus d'une cinquantaine de valeurs.

<http/::www.psychomedia.qc.ca:psychologie:test-questionnaire-des-valeurs-par-portraits-revise>

Sur le même site, nous avons trouvé cet encart sur les valeurs travail et famille.

Il illustre à la perfection un problème récurrent dans les études sociologiques : les conclusions retenues sont peut-être « statiquement vraies », mais chaque personne à laquelle ces observations pourraient effectivement s'appliquer est susceptible de changer d'idée, de comportement, et même de valeur.

TRAVAIL – FAMILLE

« Plus une personne est matérialiste, plus elle est susceptible de ressentir que sa famille est un obstacle au travail, selon une étude publiée dans le Journal of Occupational and Organizational Psychology.

Mark Promislo de l'Université Temple et ses collègues ont mené cette étude avec 274 personnes pour vérifier dans quelle mesure les valeurs matérialistes d'une personne étaient liées à son expérience du conflit travail-famille.

"Les besoins associés aux valeurs matérialistes sont beaucoup plus susceptibles d'être comblés par le travail, alors il est possible que les personnes qui accordent une grande valeur au revenu et aux possessions matérielles sentent que les demandes de leur famille nuisent à leur travail", commente le chercheur.

Le matérialisme était associé aux mesures de l'interférence de la famille avec le travail et à l'expérience d'une surcharge de travail (la perception d'avoir trop de choses à faire et pas assez de temps pour les faire).

"Les personnes très matérialistes mettent leurs efforts dans le travail car il fournit des récompenses matérialistes tangibles (argent et possessions). Elles voient donc tout obstacle à travailler, incluant leur famille, comme dérangeant.

Ces résultats ajoutent le conflit travail-famille à la liste déjà longue des effets négatifs des valeurs matérialistes sur le bien-être personnel, commentent les auteurs. »

Catégories de type réaliste

- Sécurité publique
- Agriculture et foresterie
- Métiers manuels dans les domaines de la santé
- Construction et mécanique
- Transport
- Travail en usine
- Forage et extraction
- Alimentation

Catégories de type investigateur

- Sciences pures
- Sciences de la santé
- Domaines du génie
- Sciences humaines et sociales
- Informatique
- Mathématiques et statistiques
- Environnement

Catégories de type artistique

- Architecture et design
- Communication et rédaction
- Mode et décoration
- Arts de la scène et production sonore
- Métiers d'art

Catégories de type social

- Soins physiques
- Relation d'aide
- Enseignement

Catégories de type entreprenant

- Direction et supervision
- Droit et enquête
- Vente et représentation
- Gestion dans le domaine des arts et des communications
- Tourisme

Catégories de type conventionnel

- Classement et archivage
- Travail général de bureau
- Service à la clientèle
- Comptabilité et finance
- Coordination et logistique

Quater

POUR EN SAVOIR PLUS SUR QUATER®

FACEBOOK
https://www.facebook.com/QuaterNice

GOOGLE
https://g.page/ORIENTANice/review?rc

Site Web
www.quater.fr

Et son fondateur : Jean Christophe Aicard

LINKEDIN
https://www.linkedin.com/in/jc-aicard

Mentions légales :
La structure générale, ainsi que les textes, photos, images de ce document sont la propriété de Monsieur Jean C. Aica[rd]. Toute reproduction, totale ou partielle, et toute représentation du contenu substantiel de ce document, par quelq[ue] procédé que ce soit, sans autorisation expresse de l'auteur, est interdite, et constitue une contrefaçon sanctionnée p[ar] les articles L.335-2 et suivants du Code de la propriété intellectuelle. Les informations, pictogrammes, photographi[es,] images, textes, qui sont protégés par des droits de propriété intellectuelle se voient interdire toute reproducti[on,] représentation, adaptation, traduction et/ou modification, partielle ou intégrale de ce document sont interdits. La co[pie] sur support papier à usage privé de ces différents objets de droits est autorisée conformément à l'article L122-5 [du] Code de la Propriété Intellectuelle. Leur reproduction partielle ou intégrale, sans l'accord écrit, expresse et préalable [de] l'auteur, est strictement interdite.

Printed by Amazon Italia Logistica S.r.l.
Torrazza Piemonte (TO), Italy